AF589021

Épreuve.

PROGRAMME

D'UN

COURS DE DROIT ADMINISTRATIF,

SOUMIS

A MONSIEUR

LE MINISTRE DE L'INSTRUCTION PUBLIQUE,

PAR

CHAUVEAU ADOLPHE,

PROFESSEUR DE DROIT ADMINISTRATIF A TOULOUSE.

SEPTEMBRE 1838.

LES

CINQ CODES

DE

L'ADMINISTRATION PUBLIQUE

EN FRANCE.

CODE CIVIL

ADMINISTRATIF.

TITRE PRÉLIMINAIRE.

Lois et Ordonnances.

CHAP. I. — *Lois.*

SECT. I. — POUVOIR LÉGISLATIF.

§ I. — LE ROI.

§ II. — LA CHAMBRE DES PAIRS.

ART. 1. — *Conditions de capacité.*

ART. 2. — *Mode de Voter.*

ART. 3. — *Rapports avec le Roi et avec la Chambre des Députés.*

§ III. — LA CHAMBRE DES DÉPUTÉS.

ART. 1. — *Listes électorales.*

ART. 2. — *Élections.*

ART. 3. — *Vérification de pouvoirs.*

ART. 4. — *Mode de Voter.*

ART. 5. — *Rapports avec le Roi et avec la Chambre des Pairs.*

LIVRE PREMIER.

PERSONNES (1).

PREMIÈRE DIVISION. (2)

POUVOIR EXÉCUTIF.

LE ROI

Représenté par les agents d'administration qui vont être indiqués. (3)

Ire SOUS-DIVISION.

CONSEIL DES MINISTRES.

(1) Ce n'est pas une sèche nomenclature, que nous comprenons sous les divisions indiquées dans ce programme, mais une organisation complète et un aperçu général des attributions administratives. Quant aux détails, ils appartiennent à la première division de notre code d'instruction administrative, intitulée, *organisation et compétence administratives.*

(2) Il faut consulter la division territoriale que nous avons cru devoir placer au livre deuxième de la distinction des biens. Du reste, pour l'intelligence du livre Ier, il suffit de voir que la France se divise en *départements*, *arrondissements*, *cantons et communes*.

(3) Nous avons divisé le personnel de l'Administration en agents individuels et en agents collectifs.

IIme SOUS-DIVISION.

AGENTS DE L'ADMINISTRATION.

TITRE UNIQUE.

Ministres. (1)

CHAP. I. — *Ministère de la Justice et des Cultes*

SECT. I. — DIVISION DE LA JUSTICE.

§ I. — AGENTS INDIVIDUELS.

Ministre.
Procureur-général près la cour de cassation.
Procureurs-généraux, avocats-généraux près les Cours Royales.
Procureurs du Roi.
Substituts du procureur du Roi.
Juges de Paix.
Directeur de l'Imprimerie Royale.

§ II. — AGENTS COLLECTIFS.

Commission du Sceau.
Comité pour l'examen des ouvrages dont l'impression gratuite est demandée.

SECT. II. — DIVISION DES CULTES.

Ire PARTIE. — CULTE CATHOLIQUE.

§ I. — AGENTS INDIVIDUELS.

Ministre.
Archevêques.
Évêques suffragants.
Vicaires-Généraux.
Chanoines.
Archiprêtres.

(1) Nous n'avons pas voulu indiquer dans ce programme l'organisation [illegible] de chaque ministère, puisque notre intention est de la développer [illegible] pour [illegible] plus tard [illegible] à l'administration.

Archidiacres.
Doyens.
Curés.
Vicaires.
Desservants.

§ II. — AGENTS COLLECTIFS.

Chapitres métropolitains.
Officialités.
Conseils de Fabriques.

IIme PARTIE. — CULTES NON CATHOLIQUES.

§ I. — PROTESTANTS.

ART. 1. — *Luthériens. (Confession d'Augsbourg.)*

1° AGENTS INDIVIDUELS.

Pasteurs-présidents.
Pasteurs-simples.
Inspecteurs.

2° AGENTS COLLECTIFS.

Consistoire général à Strasbourg.
Eglise consistoriale à Paris.
Eglises consistoriales dans les départements.

ART. 2. — *Réformés (Calvinistes.)*

1° AGENTS INDIVIDUELS.

Pasteurs-présidents.
Pasteurs-simples.

2° AGENTS COLLECTIFS.

Synodes.
Eglise consistoriale Calviniste.

§. II. — CULTE ISRAÉLITE.

ART. 1. — AGENTS INDIVIDUELS.

Grands rabbins.
Rabbins communaux.
Membres laïques.

ART. 2. — AGENTS COLLECTIFS.

Consistoire central des Israélites.
Synagogues consistoriales.

CHAP. II. — *Ministère des Affaires étrangères.*

SECT. I. — AGENTS INDIVIDUELS.

Ministre.
Ambassadeurs.
Ministres plénipotentiaires.
Ministres résidents.
Chargés d'affaires.
Secrétaires d'ambassades et de légations.
Attachés { aux ambassades / ou aux légations.
Consuls-généraux.
Consuls { Première classe. / Deuxième classe.
Vice-consuls.
Elèves consuls.
Drogmans.
Secrétaires interprètes.
Drogmans chanceliers.
Agents { des affaires étrangères à Marseille, / de la nation à Madrid.

SECT. II. — ÉCOLES PLACÉES SOUS LA DIRECTION DE M. LE MINISTRE DES AFFAIRES ÉTRANGÈRES.

Ecoles de langues { à Paris. / à Constantinople.

CHAP. III. — *Ministère de la guerre.*

SECT. I. — AGENTS INDIVIDUELS.

Ministre.
Personnel de l'état-major, du corps royal de l'état major, des divers corps de l'armée, etc., etc., etc. (1).

(1) Nous n'avons pas voulu donner dans ce programme la longue nomenclature des agents individuels de l'armée, de la marine et des colonies, que nous remettrons du reste sous les yeux des élèves.

SECT. II. — AGENTS COLLECTIFS.

Commission mixte des travaux publics.
Conseil de l'administration de l'armée de terre
Conseil de santé des armées.
Conseil d'administration gérant l'Hôtel Royal des Invalides.

SECT. III. — ÉCOLES PLACÉES SOUS LA DIRECTION DE M. LE MINISTRE DE LA GUERRE.

Ecole d'Application du Corps Royal d'état-major
Ecole d'Artillerie et du Génie à Metz.
Ecole Royale Polytechnique.
Ecole Militaire de Saint-Cyr.
Ecole Royale de Cavalerie à Saumur.
Collége Royal Militaire de la Flèche.
Gymnases militaires.

CHAP. IV. — *Ministère de la Marine et des Colonies.*

SECT. I. — MARINE.

§. I. — AGENTS INDIVIDUELS.

Ministre.
Personnel du corps royal et des divers services de la marine. (1)

§. II. — AGENTS COLLECTIFS.

Conseil d'Amirauté.
Conseil des Travaux de la marine.
Commission chargée de prendre connaissance des affaires relatives à l'exécution de la loi du 4 mars 1831, concernant la répression de la traite des noirs.
Commission des Subsistances.
Conseils de Santé dans plusieurs ports maritimes.
Commission supérieure de l'Etablissement des Invalides de la marine.

(1) Voyez notre observation, chapitre 3, *Ministère de la guerre.*

Commission de législation coloniale.
Conseil des délégués des Colonies.

§. III. — ÉCOLES PLACÉES SOUS LA DIRECTION DE M. LE MINISTRE DE LA MARINE ET DES COLONIES.

Ecole d'Application du Génie maritime à Lorient.
Ecole Navale à Brest.
Ecoles de Navigation.

SECT. II. — COLONIES.

Gouverneurs, Directeurs, Procureurs-Généraux.
Organisation des divers services, etc. (1).

CHAP. V. — *Ministère de l'Intérieur.*

SECT. I. — AGENTS INDIVIDUELS.

Ministre de l'Intérieur.
Préfets (2).
Secrétaires généraux de Préfectures.
Sous-préfets.
Maires.
Adjoints.
Préfet de police.
Commissaires de police.
Officiers de paix.
Sergents de ville.
Gardes champêtres et autres gardes.
Officiers de la garde nationale.
Vérificateurs et contrôleurs des armes de la garde nationale.
Administrateur en chef des lignes télégraphiques.
Directeurs des Télégraphes.
Garde général des archives du royaume.
Directeur de l'Académie royale de France à Rome.

(1) Voyez notre observation, chapitre 3, *Ministère de la guerre.*

(2) Nous n'avons parlé des préfets, sous-préfets et maires qu'à ce ministère, mais il faut évidemment les comprendre dans la classification de chacun des autres ministères, puisque ces fonctionnaires ont des attributions qui se rattachent aux diverses branches du pouvoir exécutif.

Directeur de l'école des Beaux-Arts.
Directeur du Conservatoire de musique.
Inspecteurs généraux des maisons de détention et de correction.
Inspecteurs des établissements de bienfaisance.
Architectes.
Agents-voyers pour les chemins vicinaux. { Première classe. Deuxième classe.

SECT. II. — AGENTS COLLECTIFS.

Conseil d'état. } En certains cas.
Conseils de préfecture.
Conseils généraux de départements.
Conseils d'arrondissements.
Conseils municipaux.
Commission de l'école des Chartes.
Conseil des bâtiments civils.
Conseil d'administration des Caisses d'épargne.
Commission de surveillance près l'Académie royale et le Conservatoire de musique.
Commission chargée de l'administration des hospices et maisons de charité.

SECT. III. — ÉCOLES PLACÉES SOUS LA DIRECTION DE M. LE MINISTRE DE L'INTÉRIEUR.

Ecole des Beaux-Arts.
Ecole du Conservatoire de musique.
Ecole de peinture et de sculpture à Rome.

CHAP. VI. — *Ministère des Travaux publics et du Commerce.*

SECT. I. — AGENTS INDIVIDUELS.

Ministre.
Directeur général de l'Administration des ponts et chaussées.
Directeur du dépôt des plans des ponts et chaussées.
Inspecteurs généraux de l'administration des ponts et chaussées.
Inspecteurs divisionnaires des ponts et chaussées.
Inspecteurs divisionnaires adjoints.

Ingénieurs en chef des ponts et chaussées.
Ingénieurs ordinaires des ponts et chaussées.
Conducteurs des ponts et chaussées.
Services extraordinaires. — *Divers ingénieurs pour des Canaux, Marais, Ponts, Constructions, Ports, etc.*
Commissaires-voyers.
Piqueurs.
Patrons garde-rivières.
Préposés des ponts à bascule.
Inspecteurs généraux des Mines.
Ingénieurs en chef des Mines.
Ingénieurs ordinaires des Mines { Première classe. Deuxième classe.
Aspirants.
Directeur de l'école royale des mines à Paris.
Directeur de l'école des mineurs à Saint-Etienne.
Vérificateurs des poids et mesures.
Inspecteurs généraux des Haras.
Inspecteurs particuliers des Haras.
Directeurs des Haras.
Directeurs des dépôts d'étalons.
Inspecteurs généraux des Ecoles Vétérinaires et des Bergeries royales.
Directeurs des Bergeries royales.
Inspecteurs des Eaux minérales.
Directeur du Conservatoire des Arts et Métiers.
Directeurs des Ecoles royales des Arts et Métiers.

SECT. II. — AGENTS COLLECTIFS.

Conseil général des Ponts et Chaussées.
Conseil général des Mines.
Commission des Phares.
Conseil supérieur du Commerce.
Conseil général du Commerce.
Chambres de commerce dans les départements.
Conseil général des Manufactures.
Comité consultatif des Arts et Métiers.
Conseil de perfectionnement du Conservatoire royal et des Ecoles royales des Arts et Métiers.

Jury assermenté, créé par la loi du 28 mars 1816, pour l'examen des marchandises prohibées.

Commissaires experts pour la vérification en cas de litige des marchandises présentées aux douanes par le commerce.

Conseil supérieur de Santé.

Conseil général d'Agriculture.

Commission permanente du Registre matricule pour l'inscription des chevaux de race pure.

SECT. III. — ÉCOLES PLACÉES SOUS LA DIRECTION DE M. LE MINISTRE DES TRAVAUX PUBLICS ET DU COMMERCE.

Ecoles royales des Arts et Métiers { à Angers. à Châlons.

Ecole des Ponts et Chaussées.

Ecole des Mines.

Ecole des Mineurs de Saint-Etienne.

Ecoles royales Vétérinaires { à Alfort, à Lyon, à Toulouse.

CHAP. VII. — *Ministère de l'instruction publique.*

SECT. I. — AGENTS INDIVIDUELS.

Ministre.

Grand-maître de l'Université.

Vice président / Conseillers { du Conseil royal de l'instruction publique

Inspecteurs généraux de l'Université.

Directeur de l'Ecole normale.

Recteurs.

Inspecteurs d'Académie.

Doyens des { Facultés de Droit. Facultés des Sciences. Facultés des Lettres. Facultés de Médecine. Facultés de Théologie.

Proviseurs des Colléges royaux.

Supérieurs des Séminaires,

Principaux des Colléges communaux.

Inspecteurs des écoles primaires.

Instituteurs primaires.
Frères de l'Ecole chrétienne.
Directeur de l'école des Chartes.
Directeurs des observatoires.
Conservateurs des bibliothèques publiques.
Directeur du Jardin botanique.
Directeur du Muséum d'histoire naturelle.

SECT. II. — AGENTS COLLECTIFS.

Conseil royal de l'instruction publique
Jurys médicaux.
Conseils académiques.
Commissions d'examen pour l'instruction primaire.
Comités communaux de l'instruction primaire.
Commissions d'examen des livres pour l'instruction primaire et l'instruction secondaire.

SECT. III. — ÉCOLES PLACÉES SOUS LA DIRECTION DE M. LE MINISTRE DE L'INSTRUCTION PUBLIQUE.

Facultés de Droit.
Facultés des Sciences.
Facultés des Lettres.
Facultés de Médecine.
Ecoles secondaires de Médecine.
Ecoles Normales primaires.
Ecoles Primaires supérieures.
Colléges royaux.
Colléges communaux.
Grands séminaires.
Petits séminaires.
Facultés de Théologie (Catholiques).
Faculté de Théologie à Strasbourg (Luthériens).
Faculté de Théologie à Montauban (Calvinistes).

CHAP. VIII. — *Ministère des finances.*

SECT. I. — AGENTS INDIVIDUELS.

Ministre.
Inspecteurs généraux des finances.
Receveurs généraux.

Payeurs extérieurs du trésor royal.
Receveurs particuliers des finances.
Percepteurs des contributions.
Receveurs communaux.
Directeur de la caisse d'amortissement, des dépôts et consignations.

Monnaies. (1)

Commissaires du Roi.
Directeurs de la fabrication.
Contrôleurs au change.
Contrôleurs au monnayage.
Vérificateur à la fabrication des poinçons, coins et bigornes.
Inspecteur des bureaux de la garantie.
Vérificateur commis d'ordre.

Enregistrement, timbre et domaines.

Directeur général de l'enregistrement et des domaines.
Directeur du timbre.
Directeurs de l'enregistrement et des domaines.
Inspecteurs de l'enregistrement et des domaines.
Vérificateurs de l'enregistrement et des domaines.
Conservateurs des hypothèques.
Receveurs des domaines.
Receveurs d'enregistrement.
Gardes-Magasins du timbre.
Dépositaires de papier timbré.

Douanes et sels.

SERVICE ADMINISTRATIF.

Directeur général des douanes et sels
Directeurs des douanes.
Inspecteurs, receveurs des entrepôts de sel.
Inspecteurs divisionnaires.
Sous-inspecteurs divisionnaires.

(1) L'organisation des Hôtels des Monnaies de départements est la même que celle de l'Hôtel des Monnaies de Paris.

LIVRE PREMIER. (PERSONNES.)

Commis de direction.
Receveurs principaux.
Contrôleurs.
Receveurs particuliers.
Commis.

Commissaire général Commissaires particuliers	près les salines et mines de l'Est.

SERVICE ACTIF.

Contrôleurs.
Capitaines de brigade.
Lieutenants principaux.
Lieutenants d'ordre.
Brigadiers.
Sous-Brigadiers.

Préposés	à pied, à cheval, peseurs, emballeurs, gardes magasins.

Capitaines Lieutenans Patrons Sous-Patrons	de pataches.

Contributions indirectes et poudres.

Directeur général.
Directeurs.
Receveurs principaux.
Receveurs.
Contrôleurs.
Commis.
Contrôleurs de comptabilité.
Receveurs.

Contrôleurs Vérificateurs Commis	près les salines.

Receveurs Contrôleurs Essayeurs Aides-essayeurs	de la garantie.

Inspecteurs des brigades.

Sous-brigadiers { à pied.
à cheval.

Commis { à pied.
à cheval.

Préposés aux ventes et expéditions }
Entreposeurs } des poudres.
Débitants }

Tabacs.

Directeur général.

Inspecteurs locaux du service de la culture du Tabac et des magasins de Tabacs en feuille.

Régisseurs des manufactures royales.

Entreposeurs.

Débitants.

Inspecteurs de fabrication.

Contrôleurs.

Sous-inspecteurs.

Sous-contrôleurs.

Surnuméraires.

Postes.

Directeur général.

Directeurs.

Contrôleurs.

Chefs de bureaux de Postes.

Maîtres de postes.

Agent général des paquebots.

Forêts.

Directeur général.

Conservateurs.

Inspecteurs.

Sous-Inspecteurs.

Vérificateur général des arpentages.

Gardes généraux.

Gardes forestiers.

LIVRE PREMIER. (PERSONNES.)

Contributions directes.

(Contributions directes proprement dites.)

Directeur général des Contributions directes et du cadastre.
Directeurs.
Inspecteurs.
Contrôleurs.

(Cadastre.)

Directeurs.
Inspecteurs.
Contrôleurs.
Géomètres en chef.
Géomètres ordinaires.

SECT. II. — AGENTS COLLECTIFS.

Conseil d'Administration de l'Enregistrement et des Domaines.
Conseil d'administration des Douanes et sels.
Conseil d'administration des Contributions indirectes.
Conseil d'administration des Tabacs.
Conseil d'administration des Postes.
Conseil de Répartition.
Commission des Monnaies et Médailles.

SECT. III. — ÉCOLES ATTACHÉES AU MINISTÈRE DES FINANCES.

École royale forestière à Nancy.

TROISIÈME SOUS-DIVISION.

ORDRE ROYAL DE LA LÉGION D'HONNEUR.

TITRE I.

Grand-chancelier.

CODE CIVIL ADMINISTRATIF.

TITRE II.

Comité de consultation pour le contentieux.

TITRE III.

Maisons d'éducation.

IVme SOUS-DIVISION.

INTENDANT DE LA LISTE CIVILE.

ADMINISTRATEUR DU DOMAINE PRIVÉ DU ROI (1).

Vme SOUS-DIVISION.

CHANCELIER DE FRANCE.

VIme SOUS-DIVISION.

PRÉSÉANCES.

VIIe SOUS-DIVISION.

SUSPENSIONS, RÉVOCATIONS ET DESTITUTIONS.

(1) Quoique l'intendant de la liste civile et l'administrateur du domaine privé du Roi ne soient pas fonctionnaires publics, cependant nous avons cru nécessaire d'en parler, parce qu'ils figurent comme administrateurs au liv. 2 *des biens de la liste civile*, et qu'au Code de l'*Instruction administrative*, il en est souvent fait mention aux titres des *actions* et des *ajournements*.

LIVRE PREMIER. (PERSONNES).

DEUXIEME DIVISION.

CITOYENS DANS LEUR RAPPORT AVEC L'ADMINISTRATION.

TITRE I.

ETAT CIVIL.

CHAP. I. — *Naissances.*

CHAP. II. — *Enfants trouvés.*

CHAP. III. — *Aliénés.*

CHAP. IV. — *Interdiction.*

CHAP. V. — *Mariages.*

CHAP. VI. — *Décès.*

CHAP. VII. — *Changement de noms.*

CHAP. VIII. — *Rectification des actes de l'état civil.*

TITRE II.

DROITS POLITIQUES.

CHAP. I. — *Qualité de citoyen.*

CHAP. II. — *Naturalisation.*

CHAP. III. — *Egalité devant la Loi.*

CHAP. IV. — *Jouissance des Droits politiques.*

CHAP. V. — *Perte des droits politiques.*

CHAP. VI. — *Qualité de Juré.*

CHAP. VII. — *Aptitude aux fonctions, aux grades et aux offices.*

CODE CIVIL ADMINISTRATIF.

TITRE III.

Majorats.

TITRE IV.

Noblesse et Décorations. (1)

TITRE V.

Recrutement et exemptions du service militaire.

TROISIÈME DIVISION.

ADMINISTRATEURS DANS LEURS RAPPORTS AVEC LES COMMUNES ET LES ÉTABLISSEMENTS PUBLICS. (2)

TITRE I.

Surveillance.

TITRE II.

Tutelle administrative.

---

(1) Ordre et personnel de l'administration de la Légion d'honneur, sont renvoyés à la troisième sous-division (ci-dessus, page 19).

(2) Cette division offre peu d'importance, parce que les matières qu'elle indique se trouvent comprises au livre 2 : *Biens et différentes modifications de la* [illegible] *Manières d'acquérir la propriété*, et au *Code de la Police*.

LIVRE DEUXIEME.

BIENS ET DIFFÉRENTES MODIFICATIONS DE LA PROPRIÉTÉ.

DISPOSITIONS PRÉLIMINAIRES.

Division territoriale de la France.

TITRE I.

Distinction des Biens.

CHAP. I. — *Meubles appartenant :*

A l'Etat.
Au Domaine Public.
A la Liste Civile.
Aux Départemens.
Aux Communes.
Aux Hospices.
Aux Pauvres.
Aux Fabriques.

CHAP. II. — *Immeubles appartenant :*

A l'Etat, etc., etc.
Aux Particuliers. { Biens apanagistes. Biens possédés à titre de majorat.

CHAP. III. — *Droits incorporels appartenant à l'Etat.*

CHAP. IV. — *Biens dans leurs rapports avec l'Administration.*

SECT I. — BIENS DE L'ÉTAT.

§ I. — MOBILIERS.

CODE CIVIL ADMINISTRATIF.

Art. 1. — *Contributions directes.*
Mode de Perception.

Art. 2. — *Contributions indirectes.*
Mode de Perception.

Art. 3. — *Diverses Taxes et Mode de leur perception.*
1° à 15° Taxe des Brevets d'invention, etc., etc.

§ II. — IMMOBILIERS.

Art. 1. — *Immeubles affectés à un service public.*

Art. 2. — *Immeubles non affectés à un service public.*
1° Eaux minérales.
2° Salines.
3° Bois et Forêts.

Art. 3. — *Lais et Relais de la Mer.*

Sect. II. — BIENS DU DOMAINE PUBLIC. { 1° *Meubles.* 2° *Immeubles.*

Sect. III. — BIENS DE LA LISTE CIVILE. { 1° *Meubles* 2° *Immeubles.*

Sect. IV. — BIENS DES DÉPARTEMENTS. { 1° *Meubles.* 2° *Immeubles.*

Sect. V. — BIENS DES COMMUNES. { 1° *Meubles.* 2° *Immeubles.*

Sect. VI. — BIENS DES HOSPICES, FABRIQUES ET AUTRES ÉTABLISSEMENTS PUBLICS. { 1° *Meubles.* 2° *Immeubles.*

Sect. VII. — BIENS POSSÉDÉS A TITRE D'APANAGE OU DE MAJORAT.

Sect. VIII. — DOMAINES ENGAGÉS.

Sect. IX. — BOIS ET FORÊTS APPARTENANT A DES PARTICULIERS.
(Régime forestier.)

LIVRE DEUXIÈME. [illegible]

SECT. X. — EAUX. (1)

SECT. XI. — EXPROPRIATION POUR CAUSE D'UTILITÉ PUBLIQUE, (2)

SECT. XII. — ALIGNEMENT DES RUES. (3)

TITRE II.

Propriétés soumises, pour exister, à certaines formalités administratives.

CHAP. I. — *Propriété littéraire.*

CHAP. II. — *Brevets d'invention.*

CHAP. III. — *Mines.*

CHAP. IV. — *Desséchemens de Marais.*

CHAP. V. — *Ateliers insalubres ou dangereux.* (4)

TITRE III.

Usufruit.

CHAP. I. — *Liste civile.*

CHAP. II. — *Départemens.*

CHAP. III. — *Administrateurs.*

TITRE IV.

Servitudes.

(1) La police des Eaux appartient au *Code de police*, division de la *simple police.*

(2) Nous en parlons au livre 3, titre 17, comme d'un mode d'acquérir la propriété; quant aux procédures, elles forment un titre du *Code d'instruction administrative.*

(3) Ce titre doit être rapproché de la voirie petite et grande. (*Code de la simple police.*)

(4) Nous en parlons aussi à la division de la *salubrité publique.* (*Code de la police.*)

CHAP. I. — *Servitudes personnelles. — Logement des Troupes.*

CHAP. II. — *Servitudes civiles.*

SECT. I. — INTÉRÊT GÉNÉRAL OU COMMUNAL.

SECT. II. — CHEMINS DE HALLAGE.

CHAP. III. — *Servitudes militaires.* (1)

LIVRE TROISIÈME.

DIFFÉRENTES MANIÈRES D'ACQUÉRIR LA PROPRIÉTÉ EN MATIÈRE ADMINISTRATIVE.

DISPOSITIONS GÉNÉRALES. (2)

TITRE I.

Epaves et Successions vacantes.

TITRE II.

Donations et Testaments.

CHAP. I. — *Aux Communes.*

CHAP. II. — *Aux Etablissements publics.*

TITRE III.

Partage des biens communaux.

TITRE IV.

Contrats administratifs.

(1) Il y a certaines autres servitudes relatives aux chemins vicinaux : mais elles doivent rester attachées à la matière principale.

(2) Ce préliminaire reproduit plusieurs dispositions du Code civil qui appartiennent essentiellement au droit administratif. (Art. 711 à 717.)

LIVRE TROISIÈME. (MODES D'ACQUÉRIR.)

CHAP. I. — *Actes administratifs.* { Leur forme. / Leur nombre.

CHAP. II. — *Adjudications publiques de fournitures.*

CHAP. III. — *Travaux publics.* (1)

CHAP. IV. — *Dépenses publiques.*

SECT. I. — DOTATIONS. (2)

SECT. II. — FORME ET PRÉSENTATION DU BUDJET.

SECT. III. — MODE DE PAIEMENT.

TITRE V.

Engagemens qui se forment sans Conventions.

CHAP. I. — *Dommages-intérêts à accorder par suite de Travaux publics.*

CHAP. II. — *Des Dommages causés par suite de mesures administratives nécessitées par des événements de force majeure.*

SECT. I. — DÉMOLITION DES MAISONS.

§ I. — INCENDIE.

§ II. — SIÉGE.

SECT. II. — RÉQUISITIONS.

TITRE VI.

Ventes et Achats consentis par l'Etat, les Départements, les Communes et les Etablissements publics.

(1) Ce chapitre est un des plus importants du troisième livre de notre Code civil ; pour être bien compris, il faudrait donner ici ses nombreuses divisions et subdivisions ; la même observation s'applique aux *mines*, *canaux*, *établissements insalubres*, *chemins vicinaux*, à *la voirie*, *etc.*

(2) Les emprunts sont renvoyés au titre du prêt, et les cautionnements et dépôts à leurs titres respectifs ; les traitements et pensions à un titre intitulé *Des prestations temporaires ou viagères.*

CHAP. I. — *Nature et Forme de ces Ventes.*

CHAP. II. — *Qui peut acheter ou vendre?*

CHAP. III. — *Obligations du Vendeur et de l'Acheteur.*

CHAP. IV. — *Inaliénabilité de certaines propriétés.*

SECT. I. — DOMAINE DE L'ÉTAT.

SECT. II. — VOIES PUBLIQUES.

LIVRE VI.

Echanges.

CHAP. I. — DES BIENS DE L'ÉTAT.

CHAP. II. — DES BIENS DE DÉPARTEMENT.

CHAP. III. — DES BIENS APANAGISTES.

CHAP. IV. — DES BIENS DE COMMUNES ET D'ÉTABLISSEMENS PUBLICS.

TITRE VII.

Baux administratifs et des Emphytéoses.

TITRE VIII.

Prêt.

CHAP. I. — *Rentes.*

SECT. I. — DE L'ÉTAT SUR PARTICULIERS.

SECT. II. — D'ÉTABLISSEMENS PUBLICS.

SECT. III. — DES PARTICULIERS SUR L'ÉTAT.

CHAP. II. — *Emprunts et Caisse d'amortissement.*

LIVRE TROISIÈME. (MODES D'ACQUÉRIR.)

TITRE IX.

Prêts sur gage.

CHAP. I. — *Prêts de la Banque.*

CHAP. II. — *Monts de Piété.*

TITRE X.

Dépôts et Consignations.

TITRE XI

Séquestre administratif.

TITRE XII.

Prestations temporaires et viagères.

CHAP. I. — *Traitemens.*

CHAP. II. — *Pensions.*

TITRE XIII.

Cautionnements.

CHAP. I. — *De Soumissionnaires adjudicataires de Travaux publics.*

CHAP. II. — *De Fonctionnaires publics.*

CHAP. III. — *D'Officiers ministériels.*

TITRE XIV.

Transactions.

CHAP. I. — *Avec l'Etat, et les Départements.*

CHAP. II. — *Avec les Communes et les établissemens publics*

CODE CIVIL ADMINISTRATIF.

TITRE XV.

Contrainte par corps en matière administrative.

TITRE XVI.

Privilèges et Hypothèques.

CHAP. I. — *Privilèges du Trésor.*

CHAP. II. — *Hypothèques de l'Etat, des Départements, des Communes et des Etablissements publics.*

TITRE XVII.

Expropriation pour cause d'utilité publique (1).

TITRE XVIII.

Prescriptions et Déchéances.

CHAP. I. — *Prescription.*

CHAP. II. — *Déchéances.*

(1) Voyez notre observation au liv. 2. tit. 1. sect, II.

CODE

D'INSTRUCTION ADMINISTRATIVE

DIVISÉ EN DEUX PARTIES.

1° *Organisation et Compétence ;*

2° *Instruction.*

PREMIÈRE DIVISION.

ORGANISATION (1) ET COMPÉTENCE.

TITRE PRÉLIMINAIRE.

Observations générales sur l'organisation et la compétence administratives. (2)

CHAP. I. — *Organisation administrative.*

CHAP. II. — *Compétence administrative.*

TITRE UNIQUE.

Fonctionnaires individuels ou collectifs, chargés de rendre la justice administrative.

(1) Il ne faut pas confondre l'organisation administrative dont il s'agit ici, concernant uniquement l'instruction *gracieuse et contentieuse*, avec le personnel administratif que nous avons donné au *Code civil administratif*, liv. 1.

(2) Nous déterminons dans ce titre préliminaire :

1° La ligne de démarcation qui divise d'une manière absolue l'administration active du contentieux administratif ;

2° Les principes généraux de la séparation des pouvoirs judiciaires et administratifs.

CODE D'INSTRUCTION.

CHAP. I. — En règle générale (1).

§ Ier. — PREMIER DEGRÉ.

ART. 1. — *Préfets.*

N.° 1. — Organisation. (2)
N.° 2. — Compétence.

ART. 2. — *Conseils de Préfecture.*

N.° 1. — Organisation.
N.° 2. — Compétence.

ART. 3. — *Ministres.*

N° 1. — Organisation.
N° 2. — Compétence.

§ II. — DEUXIÈME DEGRÉ. — CONSEIL D'ÉTAT.

N° 1. — Organisation. (3)
N° 2. — Compétence.

CHAP. I. — *Exceptions dans l'organisation administrative.*

§ Ier — TRIBUNAUX CIVILS EN MATIÈRE ÉLECTORALE.

§ II. — JURIDICTION DISCIPLINAIRE.

ART. 1. — *Grand-Maître.*

ART. 2. — *Conseil-Royal.*

ART. 3. — *Recteurs.*

ART. 4. — *Conseils Académiques.*

(1) Nous ne parlons ici qu'en règle générale, car quelquefois les préfets et les ministres connaissent en second degré, et quelquefois aussi le conseil-d'état est juge en premier et en second degrés. Nous indiquons à leur place ces diverses exceptions.

(2) Nous expliquons avec étendue la juridiction préfectorale pour bien distinguer les cas ou le préfet statue par voie d'administration, en dehors de toute contestation, des cas ou la même matiere devient contentieuse à cause de l'opposition de quelques parties intéressées.

(3) Nous plaçons à ce paragraphe l'organisation complete du conseil-d'état.

ORGANISATION ET COMPÉTENCE.

§ III. — CONSEILS DE RÉVISION EN MATIÈRE DE RECRUTEMENT.

§ IV. — CONSEILS DE RECENSEMENT EN MATIÈRE DE GARDE NATIONALE.

§ V. — JURYS DE RÉVISION EN MATIÈRE DE GARDE NATIONALE.

§ VI. — ARCHEVÊQUES ET ÉVÊQUES.

ART. 1. — *Exercice du Sacerdoce.*

N° 1. — Interdiction.
N° 2. — Suspension.
N° 3. — Destitution.

ART. 2. — *Discipline.*

N° 1. — Sur les Sœurs de charité de Saint-Michel.
N° 2. — Sur les Congrégations.

§ VII. — COMMISSIONS COLONIALES ET CONSULAIRES POUR LES PRISES MARITIMES. (1)
(Conseil d'Etat, Tribunal extraordinaire pour ces Prises.)

§ VIII. — COMMISSIONS POUR LES DESSÉCHEMENS DE MARAIS.

§ IX. — DIVERSES COMMISSIONS SPÉCIALES. (2)

ART. 1. — *Fournitures faites en 1814 et 1815.*

ART. 2. — *Remise des Biens aux Emigrés.*

ART. 3. — *Indemnité aux Emigrés et aux Colons.*

ART. 4. — *Indemnité de 1500,000 sur le paiement fait par la France aux Etats-Unis.*

(1) Il nous a paru inutile de faire deux parties distinctes dans ces tribunaux exceptionnels, dont le titre seul indique l'organisation.

(2) Nous citons ces diverses commissions comme exemple du systeme en lui-même des [illegible], *tribunaux administratifs*, car quelques-unes d'entr'elles n'existent plus.

DEUXIÈME DIVISION.

INSTRUCTION ADMINISTRATIVE.

TITRE PRÉLIMINAIRE.

OBSERVATIONS GÉNÉRALES (1)

Première Partie. (2)

Instruction ordinaire.

(1) Dans ce titre, nous fesons sentir que par la *voie gracieuse* ou *d'administration pure*, aucune forme n'est spécialement indiquée, aucune déchéance ne peut être encourue, et par conséquent aucune instruction ne doit être prescrite.

C'est seulement en matière contentieuse que l'instruction doit être enseignée, parce qu'elle revêt alors un haut degré d'importance.

(2) Nous avons dû nous occuper à chacun des titres, de l'instruction, tant devant les conseils de préfecture, ou autres tribunaux administratifs, que devant le conseil d'état; mais nous avons eu le soin de distinguer et d'indiquer les dispositions exclusivement applicables au conseil d'état, comme la *communication au ministère public*, *la publicité des audiences*, *la constitution d'avocat*, etc.

INSTRUCTION.

TITRE I.

Essai de conciliation administrative.

Mémoire à présenter à l'administration avant d'entamer une affaire contre le domaine de l'État, contre un département, ou contre une Commune.

TITRE II.

Actions.

1° Où elles doivent être intentées.
2° Au nom de qui elles doivent l'être.

TITRE III.

Ajournemens et notifications.

§ I. — CONSEILS DE PRÉFECTURE ET MINISTRES
§ II. — CONSEIL D'ÉTAT.
§ III. — JURIDICTIONS EXCEPTIONNELLES.

1° *Pour les particuliers.*
2° *Pour l'administration.*

TITRE IV.

Constitutions d'avocat et défenses.

TITRE V.

Communication au Ministère public.

TITRE VI.

Audiences ; leur Publicité, leur police.

TITRE VII.

Délibérés et Instructions par écrit.

CODE D'INSTRUCTION.

TITRE VIII.

Décisions Administratives. { 1° Contradictoires ; 2° par défaut.

TITRE IX.

Exceptions et nullités en matière administrative.
Caution *judicatum solvi*, garantie, etc., etc.

TITRE X.

Des Voies de vérification.
Vérifications d'écriture, enquêtes, expertises, descentes, etc.

TITRE XI.

Demandes incidentes et interventions.

TITRE XII.

Reprises d'instance et constitutions de nouvel Avocat.

TITRE XIII.

Demandes en Désaveu.

TITRE XIV.

Conflits.

TITRE XV.

Renvoi à un autre Tribunal pour parenté ou alliance.

TITRE XVI.

Récusation.

TITRE XVII.

Péremption.

INSTRUCTION.

TITRE XVIII.

Désistement.

TITRE XIX.

Appel ; Demandes nouvelles ; Évocations.

TITRE XX.

Procédure devant la Cour des comptes.

TITRE XXI.

Procédure relative à la juridiction disciplinaire de l'Université.

Deuxième Partie.

Voies extraordinaires pour attaquer les décisions.

TITRE UNIQUE.

Tierce-opposition, requête civile, prise à partie.

Troisième Partie.

Exécution des décisions et actes administratifs.

TITRE I.

Règles générales sur l'exécution des décisions et actes administratifs.

TITRE II.

Liquidation des dépens et frais.

CODE D'INSTRUCTION.

TITRE III.

Saisies-arrêts en ce qui concerne le devoir de l'Administration sur les Cautionnements, les Pensions et les Traitements.

TITRE IV.

Insaisissabilité des Rentes et Effets publics.

TITRE V.

Expropriation pour cause d'utilité publique. (1)

TITRE VI.

Contraintes et Emprisonnement.

Quatrième partie.

INSTRUCTIONS DIVERSES.

TITRE I.

Autorisations de plaider.

Départements. — Communes. — Fabriques. — Hospices et autres établissements publics.

TITRE II.

Abus. (Appel comme d')

TITRE III.

Autorisations de poursuivre des Agents du Gouvernement.

(1) Au Code civil, nous nous sommes occupés de l'expropriation (liv. 2) en ce qu'elle tend à modifier la propriété; (liv. 3), en ce qu'elle est un mode de translation de propriété; au Code d'instruction, nous développons toute la procédure à laquelle donne lieu cette partie du droit administratif.

INSTRUCTION.

TITRE IV.

Consignation.
Mode de consignation et Caisse des consignations.

TITRE V.

Voies à prendre pour avoir copie d'une décision, ou d'un Acte administratif, ou pour obtenir qu'un Acte administratif soit dressé.

TITRE VI.

Formalités à observer par l'Administration en matière d'absence.

TITRE VII.

Successions vacantes.

Cinquième partie.

TITRE UNIQUE.

Recours et annulations par voie de cassation, de décisions administratives rendues en dernier ressort.

CODE DU COMMERCE

ET

DE L'INDUSTRIE.

LIVRE PREMIER.

COMMERCE.

TITRE I.

Réunions de Commerçans pour la nomination de leurs juges.

TITRE II.

Sociétés commerciales.

TITRE III.

Bourses.

TITRE IV.

Agens de change et Courtiers de commerce.

TITRE V.

Banques.

TITRE VI.

Comptoirs d'escompte.

TITRE VII.

Compagnies d'assurances.

CODE DU COMMERCE

TITRE VIII.

Garantie des Matières d'or et d'argent.

TITRE IX.

Livrets des ouvriers.

TITRE X.

Obligations entre maîtres et ouvriers. — Prud'hommes.

TITRE XI.

Marchés et Foires.

TITRE XII.

Mercuriales.

TITRE XIII.

Monnaies.

TITRE XIV.

Poids et Mesures.

TITRE XV.

Commissaires priseurs. (1)

TITRE XVI.

Routes (2).

(1) Nous n'examinons ces officiers ministériels que sous le rapport des ventes à l'encan de marchandises neuves.

(2) Nous avions d'abord placé au Code de Commerce l'importante matière des *Chemins vicinaux*, *routes*, *canaux*, etc. Mais en l'approfondissant d'avantage, nous avons cru reconnaître qu'une distinction devenait indispensable : d'abord, que les Chemins vicinaux étaient uniquement dans l'intérêt de l'agriculture qui du reste, elle-même est une des sources les plus productives du commerce ; qu'ensuite les routes et canaux étant plus [illegible]

ET DE L'INDUSTRIE

TITRE XVII.

Pesage. — Poids à bascule.

TITRE XVIII.

Chemins de halage.

TITRE XIX.

Canaux.

TITRE XX.

Chemins de Fer.

TITRE XXI.

Bacs, Bateaux, Bateaux à vapeur.

TITRE XXII.

Commerce des Bois et Charbons.

TITRE XXIII.

Exportations et Importations.

TITRE XXIV.

Pêche de la Morue, de la Baleine, etc.

TITRE XXV.

Stations maritimes.

cialement entrepris dans des vues générales d'intérêt public, se rattachaient naturellement au commerce et à l'industrie. Déterminé par ces considérations, nous avons traité sous le Code de Commerce, les *routes*, *canaux* et *chemins de halage*, et sous le Code Rural les *chemins vicinaux*, *plantations d'arbres*, etc. Du reste, nous n'avons dans ces deux codes aucunement parlé de ce qui concerne la petite et la grande voirie, sous le rapport de la police; elles sont traitées à notre *Code de la Police*.

CODE DU COMMERCE.

TITRE XXVI.

Lazaret et Quarantaine.

TITRE XXVII.

Encouragements, Médailles et Primes.

LIVRE DEUXIÈME.

INDUSTRIE.

TITRE I.

Industrie proprement dite.

TITRE II.

Marque des Fabricans.

TITRE III.

Expositions de l'Industrie.

TITRE IV.

Conservatoire des Arts et Métiers.

TITRE V.

Écoles des Arts et Métiers. { Angers. Châlons.

TITRE VI.

Gaz, Vapeur, et autres industries soumises à des règlemens particuliers.

TITRE VII.

Encouragements. — Ateliers de haute horlogerie.

CODE RURAL,

SCIENTIFIQUE ET DE BIENFAISANCE (1)

LIVRE PREMIER.

AGRICULTURE.

TITRE I.

Agriculture proprement dite.

TITRE II.

Société royale d'Agriculture.

TITRE III.

Comices agricoles

TITRE IV.

Chemins vicinaux. (1)

TITRE V.

Plantations d'Arbres.

(1) Cette dénomination ne nous a pas paru très-satisfaisante, mais nous n'avons pas voulu multiplier les codes, en disant : *Code Rural*, *Code Scientifique*, *Code de la Bienfaisance*. Cependant, si monsieur le ministre pensait que le Code Rural dût être enseigné par le professeur de droit administratif, avec toutes les notions qui s'y rattachent, nous laisserions au droit rural seul le titre de Code, et nous rattacherions sous la forme d'appendice les *sciences et la bienfaisance* au Code du Commerce et de l'Industrie. Dans cette hypothèse, nous comprendrions alors dans le *Code Rural* la partie de la grande police, qui concerne l'agriculture.

(2) Voyez notre observation au Code de Commerce, liv. [illegible], tit. [illegible]

CODE RURAL.

TITRE VI.

Plantation des Dunes.

TITRE VII.

Écoles Vétérinaires.	Alfort, Lyon, Toulouse.

TITRE VIII.

Haras.

TITRE IX.

Bergeries royales.

TITRE X.

Louveterie.

TITRE XI.

Pertes causées par les inondations, grêles, incendies, etc.

TITRE XII.

Vaine pâture et Parcours.

TITRE XIII.

Fourrages.

TITRE XIV.

Communaux.

TITRE XV.

Primes et encouragements.

LIVRE DEUXIÈME.

SCIENCES.

TITRE I.

Sciences proprement dites.

TITRE II.

Enseignement.

TITRE III.

Académies.

TITRE IV.

Bourses dans les colléges.

TITRE V.

Facultés.

TITRE VI.

Arts.

TITRE VII.

Ecole du Conservatoire.

TITRE VIII.

Ecole des Chartes.

TITRE IX.

Ecoles gratuites de Dessin.

TITRE X.

Collége royal de France.

TITRE XI.

Comités des Travaux historiques.

CODE RURAL.

TITRE XII.

Société des Antiquaires.

TITRE XIII.

Bureau des Longitudes.

TITRE XIV.

Statistique.

TITRE XV.

Bibliothèques publiques.

TITRE XVI.

Archives.

TITRE XVII.

Musées royaux et des Départemens.

TITRE XVIII.

Jardins des Plantes.

TITRE XIX.

Découvertes utiles.

TITRE XX.

Encouragements.

LIVRE TROISIÈME.

BIENFAISANCE.

TITRE I.

Bienfaisance.

TITRE II.

Etablissemens de Bienfaisance.
- Hospices. (1)
- Caisses d'Epargnes.
- Dispensaires.

TITRE III.

Sociétés Philantropiques et de Prévoyance.

TITRE IV.

Sociétés des prisons.

TITRE V.

Société des jeunes libérés.

TITRE VI.

Ecoles des sourds et muets.

TITRE VII.

Salles d'Asile.

TITRE VIII.

Prix Monthion, Belles actions, médailles.

Secours
- *aux indigens.*
- *aux refugiés.*

(1) nous n'examinons ici que le mode d'établissement d'un hospice ; nous avons placé au code civil tout ce qui concerne l'administration et la fortune de ces établissemens de bienfaisance.

DE LA

POLICE ADMINISTRATIVE.

TITRE PRÉLIMINAIRE.

Police en général.

LIVRE PREMIER.

SIMPLE POLICE.

TITRE I.

Simple police en général.

TITRE II.

Surveillance des prisons.

TITRE III.

Transport des détenus et des condamnés.

TITRE IV.

Voirie.

CHAP. I. — *Petite voirie.*

CHAP. II. — *Grande voirie.*

TITRE V

Logeurs.

CODE DE LA POLICE.

TITRE VI.

Fourrières.

TITRE VII.

Domestiques.

TITRE VIII.

Apprentis.

TITRE IX.

Orfèvres, Bijoutiers et Horlogers.

TITRE X.

Théâtres.

TITRE XI.

Presse et Gravures.

TITRE XII.

Librairie et Imprimerie.

TITRE XIII.

Serruriers.

TITRE XIV.

Dimanches et Fêtes.

TITRE XV.

Cultes.

TITRE XVI.

Marchés et Foires.

SIMPLE POLICE.

TITRE XVII.

Règlement des eaux. (1)

TITRE XVIII.

Navigation et Prises.

TITRE XIX.

Abreuvoirs.

TITRE XX.

Ports.

TITRE XXI.

Jeux de hasard.

TITRE XXII.

Cérémonies publiques.

TITRE XXIII.

Réunions publiques, amusemens ou bals publics, carnaval, cafés, Baladins.

TITRE XXIV.

Commissionnaires stationnant sur la voie publique.

TITRE XXV.

Colporteurs.

TITRE XXVI.

Revendeurs.

(1) Voy. au code civil, la sect. 10, du tit. 1er. du liv. 2.

CODE DE LA POLICE.

TITRE XXVII.

Afficheurs et Crieurs publics.

TITRE XXVIII.

Police rurale.

CHAP. I. — *Echenillage.*

CHAP. II. — *Récoltes.*

CHAP. III. — *Glanage.*

CHAP. IV. — *Pêche et Chasse.*

CHAP. V. — *Epizootie.*

CHAP. VI. — *Animaux nuisibles.*

LIVRE DEUXIÈME.

SECURITÉ PUBLIQUE.

TITRE I.

Mendicité.

TITRE II.

Vagabondage.

TITRE III.

Surveillance.

TITRE IV.

Maisons de réclusion et Bagnes.

SÉCURITÉ PUBLIQUE.

TITRE V.

Associations.

TITRE VI.

Eclairage des Rues.

TITRE VII.

Pavage.

TITRE VIII.

Encombrement de la Voie publique.

TITRE IX.

Voitures publiques.

TITRE X.

Exposition d'objets aux fenêtres.

TITRE XI.

Bâtimens qui menacent ruine.

TITRE XII.

Mesures contre l'Incendie et l'Inondation.

TITRE XIII.

Aérostats.

TITRE XIV.

Artificiers.

TITRE XV.

Aliénés.

CODE DE LA POLICE.

TITRE XVI.

Attroupements.

TITRE XVII.

Armuriers.

TITRE XVIII.

Responsabilité des Communes.

TITRE XIX.

Passeport et Port d'Armes.

TITRE XX.

Garde nationale.

TITRE XXI.

Gendarmerie.

TITRE XXII.

Garde municipale.

TITRE XXIII.

Armée de Terre.

TITRE XXIV.

Engagements volontaires.

TITRE XXV.

Recrutement.

TITRE XXVI.

Sociétés de Remplacement.

SÉCURITÉ PUBLIQUE.

TITRE XXVII.

Ecoles militaires.

CHAP. I. — *Ecole d'application de Metz.*

CHAP. II. — *Ecole Polytecnique.*

CHAP. III. — *Saint-Cyr.*

CHAP. IV. — *Ecole de Saumur.*

CHAP. V. — *La Flèche.*

TITRE XXVIII.

Armée de Mer.

TITRE XXIX.

Ecoles de Marine.

TITRE XXX.

Force-Armée dans ses rapports avec l'Administration civile.

LIVRE TROISIÈME.

SALUBRITÉ PUBLIQUE.

TITRE I.

Bonnes mœurs prises en général.

TITRE II.

Prostitution.

CODE DE LA POLICE.

TITRE III.

Ecoles.

CHAP. I. — *Ecoles de Médecine.*

CHAP. II. — *Ecoles de Chirurgie.*

CHAP. III. — *Ecoles de Pharmacie.*

CHAP. IV. — *Ecoles d'Accouchements.*
Sages-Femmes.

TITRE IV.

Pharmaciens.

TITRE V.

Remèdes secrets.

TITRE VI.

Herboristes.

TITRE VII.

Vaccination gratuite.

TITRE VIII.

Confiseurs.

TITRE IX.

Vases de cuivre

TITRE X.

Boulangerie, Boucherie et Charcuterie.

TITRE XI

Commerce des Grains.

SALUBRITÉ PUBLIQUE.

TITRE XII.

Meuniers.

TITRE XIII.

Surveillance des Vins, des Fruits, des Viandes, etc.

TITRE XIV.

Ateliers et Etablissemens insalubres. (1)

TITRE XV.

Abattoirs.

TITRE XVI.

Nettoiement des Rues.

TITRE XVII.

Routoirs.

TITRE XVIII.

Etangs.

TITRE XIX.

Voirie.

(Dépôts des animaux morts.)

TITRE XX.

Fosses d'aisance.

TITRE XXI.

Sépultures.

(1) Voyez notre observation au Code civil liv. 2. tit 2. chap. 5.

CODE DE LA POLICE.

TITRE XXII.

Assainissements,

TITRE XXIII.

Dessèchement des marais.

TITRE XXIV.

Police sanitaire. (1)

TITRE XXV.

Asphyxiés.

TITRE XXVI.

Professions bruyantes.

TITRE XXVII.

Bains thermaux.

---

(1) Nous en avons déjà parlé au CODE DU COMMERCE, titre *lazarets et quarantaine.*

FIN

DES CINQ CODES D'ADMINISTRATION PUBLIQUE.

DES PRINCIPALES DIVISIONS

DE CE

PROGRAMME.

Code civil administratif.

Code d'Instruction administrative.

Code du Commerce et de l'Industrie.

Code Rural, scientifique et de Bienfaisance.

Code de la Police.